AF268212

APPENDICE

—

Réponses refusées par M. de Villemessant.

« Paris le 19 mai 1866.

» *A Monsieur de Villemessant, rédacteur en chef
de l'ÉVÉNEMENT.*

» Monsieur,

» Vous avez l'habitude d'entretenir les lecteurs
de votre journal de tout ce qui vous arrive et
de tout ce que vous faites : d'une pièce de vin
que vous expédiez à votre gendre; d'un papetier
qui n'est pas assez respectueux en vous vendant
un crayon; d'un enrouement dont le ciel vous
afflige, malheur, hélas! trop fréquent.

» Je ne suis pas bien sûr que ces graves
événements intéressent et amusent tout le
monde; mais chez vous cette habitude singu-
lière est dégénérée en passion irrésistible, et,

grâce à cette infirmité, vous ne pouviez vous abstenir de communiquer au public vos impressions et vos étonnements à l'occasion d'un procès que j'intente aux propriétaires de *l'Événement* pour *concurrence déloyale.*

» L'article que vous consacrez à l'examen critique de l'assignation que vous a envoyée mon habile agréé, M. Marraud, est un petit plaidoyer en votre faveur, il nécessite une réplique. Je vous demande de la faire en peu de mots.

» Je sais bien qu'avec votre bonne grâce ordinaire, vous refuserez l'insertion de ma réponse ;

» Qu'il faudra assigner vous et M. Dumont devant la police correctionnelle en raison de ce refus ;

» Qu'après avoir été condamné vous ferez appel ;

» Qu'après confirmation du jugement par la Cour, vous irez en cassation ;

» Que six mois se seront écoulés, que l'affaire sera complétement oubliée, et que j'aurai dépensé 1,500 francs en frais et honoraires, avant que j'aie pu vous contraindre à insérer ma réponse.

» Oui, je sais cela par expérience ; mais je suis patient, je suis fort de mon droit. Je ne veux pas qu'on le traite légèrement, et j'espère toujours que les leçons de la justice et le blâme de tous les gens honnêtes finiront par vous faire comprendre qu'il n'est pas permis d'attaquer un homme dans son honneur et sa fortune, sans lui permettre la réplique ; que quand on prend le public pour juge de ses procès, il faut le mettre à même d'entendre les raisons des deux parties.

» Après ce préambule un peu long, j'arrive à la question dont vous vous occupez dans votre article du 17 mai, qui a pour titre : M. Millaud et ses procès.

» Vous avez par votre journal invité tous les abonnés du *Soleil* à vous envoyer leur nom et leur adresse afin de leur servir pendant quinze jours un abonnement *gratuit* de *l'Événement.*

» Cet appât ne vous paraisssnt pas assez tentateur, vous leur offrez en outre de visiter gratis la maison pompéienne de l'avenue Montaigne.

» Vous leur offrez un verre d'eau-de-vie brûlée.

» Vous offrez enfin des billets de concert, des entrées au bal Mabille et des cartes pour le Cirque, *gratis*, toujours *gratis*.

» En échange de tous ces dons précieux vous ne demandez rien ! Seulement je remarque que par la réunion des adresses que vous aurez reçues, vous posséderez dans une certaine mesure la liste de nos abonnés, et que vous pourrez agir directement sur eux pour nous les enlever.

» Ces actes-là vous semblent tout simples, parfaitement licites, et vous ajoutez même que vous feriez bien d'autres largesses à nos abonnés, si cela ne coûtait pas si cher.

» Afin de prouver l'innocence de ce que je considère, moi, comme des manœuvres, vous dites que personne n'a trouvé blâmable votre entreprise d'abonnement aux journaux de Paris, qui consistait à empocher la remise que les journaux font aux libraires, et à donner en échange à vos correspondants la *Gazette des abonnés*.

» Quel rapport y a-t-il entre cette spécialité et le fait que je vous reproche? Vous alliez alors sur les brisées des libraires, et vous ne songiez pas à détourner les abonnements à votre profit, comme vous tentez de le faire aujourd'hui. J'écarte donc cette assimilation inexacte, et j'examine la théorie sur *le droit de course* que vous voulez introduire dans la presse.

Si elle est exacte et bien justifiée, un journal nouveau, qui convoiterait les abonnés du *Siècle*, pourrait annoncer demain, à la quatrième page des autres journaux et par affiches sur les murs de Paris, qu'il donne gratis six mois d'abonnement de son journal à tout abonné du *Siècle* qui justifiera de cette qualité.

» Un journal littéraire offrirait un semestre, plus une caisse de mandarines, aux heureux mortels inscrits sur les listes d'abonnement du *Figaro*.

» Un confiseur promettrait pour chaque semaine, et pendant un mois ou deux, une corbeille assortie de ses plus séduisantes friandises, offerte en pur don à toutes les personnes qui justifieraient par factures qu'elles se fournissent habituellement chez Boissier, chez Gouache ou chez Bonnet.

Enfin, M. X..., avoué peu chargé de clientèle, pourrait annoncer qu'il dirigera *gratis* pendant un an, les affaires de tout plaideur qui lui prouvera qu'il était client de M. Y..., titulaire de l'étude voisine parfaitement achalandée.

» Le sens moral est plus ou moins développé chez chacun de nous, cependant il faudrait qu'il fût resté à l'état rudimentaire chez celui qui accepterait, comme bonnes et pratiques, les conséquences de votre principe, telles que nous venons de les exposer, et que sans doute vous n'aviez pas aperçues.

» Vous croyez vous tirer d'affaire en affirmant que tout cela, c'est de la *concurrence;* soit : mais c'est de la concurrence mauvaise, illicite, déloyale ; c'est une concurrence que les tribunaux de commerce sont chargés de réprimer; car nul n'a le droit de s'adresser spécialement aux personnes qui composent une clientèle formée, réunie à grands frais, ou acquise d'un prédécesseur, et de les induire par des promesses, par des avantages apparents, à retirer leur confiance à celui qui la possédait et à la donner à son concurrent.

» Voilà la question qu'il faut résoudre, et je répète que si elle était décidée contre moi, ce serait une grave perturbation jetée dans le commerce et les affaires : les clientèles seraient livrées, comme proie, à tous les envieux, à tous les jaloux, à tous les incapables; ils se les disputeraient à belles dents, comme une meute s'arrache la curée.

» Vous dites que j'ai mauvaise grâce à me plaindre de ce que vous usez de votre publicité, quand moi-même j'en possède une, par mes journaux, dix fois plus importante que la vôtre.

» Je me plains, et justement, de l'usage que vous faites contre moi de votre publicité, telle qu'elle soit, parce que vous l'employez à m'injurier et à me diffamer. Sans doute il me serait facile de vous accabler sous la mienne ; mais, dans ma main, les journaux sont des instruments de moralisation, d'enseignement et de récréation honnête. Je ne m'en sers pas pour satisfaire des rancunes, de mauvais instincts et des spéculations mercantiles.

» Vous ajoutez que vous avez bien le droit d'acheter tel livre que bon vous semble et de le donner en prime; que je ne puis avoir la prétention de vous en empêcher.

» Vous omettez de dire que le livre auquel vous faites allusion, c'est celui de M. *Victor Hugo. les Travailleurs de la mer*, que je donne en feuilleton, et que l'éditeur belge, qui vous l'a vendu à vil prix, manquait (vous le saviez bien) à tous les engagements pris vis-à-vis de moi.

» Les juges qui prononceront entre nous, jugeront aussi mes réclamations contre cet éditeur.

» J'ai l'honneur de vous saluer.

» Signé : A. MILLAUD. »

« Paris, le   mai 1866.

» Monsieur le Rédacteur en chef,

» Encore une attaque dans votre numéro d'hier, encore une réponse. Vous la refuserez, comme les précédentes, comme celles qui la suivront, jusqu'au jour où, à force de condamnations et d'amendes, la justice vous ait enseigné que personne en France ne peut se placer au-dessus de la loi.

» Vous reproduisez un entre-filet d'un journal de Lyon qui s'entremet dans notre querelle et affirme qu'elle deviendra *venimeuse*.

» Le mot est bien trouvé, à condition qu'il ne s'appliquera pas à ma défense. Le journaliste lyonnais ajoute qu'en cherchant à détourner mes abonnés, vous me faites un *bon tour*,

mais que je le prends mal, parce que je suis
bilieux.

» Voyez comme on se connaît peu! Je croyais
avoir fait preuve, avec vous, d'une patience
infatigable, d'une longanimité héroïque. Je vou-
drais bien voir votre allié de Lyon devenir, de
la part d'un concurrent fort habile et peu chargé
de scrupules, l'objet de *bons tours* tendant à lui
enlever ses abonnés; je crois que dans cette
occurrence il montrerait moins de flegme que
moi.

» Laissons là ce journaliste, et permettez que
j'examine le commentaire de votre façon qui
accompagne l'entrefilet exotique.

» J'y vois que vous renoncez à débaucher
mes abonnés, à leur servir de l'eau-de-vie et
du rhum, à les conduire au bal Mabille. Je
comprends : votre associé, qui s'est frotté jadis
à la basoche, vous aura remontré que ce procès
vous pose mal vis-à-vis de vos confrères, et que
vous le perdrez tout d'une voix.

» *L'avis aux abonnés du* Soleil contenu dans
le même numéro, peut se traduire par ces mots:
Je ne le ferai plus.

» C'est déjà mieux ; la morale obtient quelques satisfactions ; cependant cela ne me suffit pas : vous avez donné un exemple dangereux, funeste, vous avez inquiété le journalisme tout entier ; il faut qu'un arrêt de justice proclame solennellement qu'il n'est pas permis de courir sus aux clientèles, de se les approprier *per fas et nefas*. Les intérêts que vous avez compromis ne se rassureront qu'à ce prix ; je continuerai donc mon procès.

» Vous attribuez ma conduite à votre égard à la haine, à une haine farouche.

» Vous vous abusez étrangement, ou plutôt vous voulez abuser vos lecteurs, car vous savez bien ce qui en est.

» Est-ce que je vous attaque ? Est-ce que je parle de vous ? est-ce que je m'occupe de votre personne, de vos journaux, de vos affaires ? Non certainement ; faites tout ce que vous voudrez, prospérez ou succombez, je ne m'en soucie aucunement.

» Tout au contraire, vous bourdonnez sans cesse autour de moi, comme ces vilaines mouches noires qui font craindre le charbon ;

toujours vous cherchez à me piquer, à me jeter votre venin, comme le dit le Lyonnais. Vous ne me laissez ni paix ni trêve, pas même le dimanche, pas même les jours de fête !

» Tenez, l'article auquel je réponds est daté de la Pentecôte, jour de fête carillonnée !

» A tout cela j'oppose des lettres que vous jetez au panier, des assignations que vous ne lisez pas, et des plaidoiries modérées quand même.

» De nous deux, qui fait preuve d'un esprit haineux ?

» Voulez-vous savoir l'exacte vérité sur ce que vous m'inspirez? Je vais vous la dire : après avoir lu et relu votre article, j'ai fait mon examen de conscience, et j'ai reconnu que j'éprouvais pour vous un sentiment bien profond, bien durable ; mais, je vous l'affirme, *ce n'est pas de la haine.*

» Vous couronnez votre petit chef-d'œuvre de polémique d'une façon malheureuse : vous me comparez à un éléphant.

» Il y a des comparaisons que certaines personnes ne devraient pas éveiller. Moi qui suis poli, je ne sais pas trop comment vous dire l'idée que vous avez fait naître dans mon esprit. Je cherche vainement des termes courtois; cependant il faut vous rappeler la vérité, il faut vous ouvrir les yeux.

» Voici un moyen : je vais vous envoyer ma photographie; vous vous mettrez devant une glace, où vous pourrez vous voir, jusqu'à la base. Examinez attentivement votre reflet, regardez bien mon portrait, et vous direz vous-même lequel de nous deux a de l'affinité avec le gros animal auquel vous me comparez.

» Agréez, Monsieur, mes salutations très-humbles.

» ALPH. MILLAUD. »

IMPRIMERIE CENTRALE. — A. CHAIX ET C°, RUE BERGÈRE, 20. — 6024.

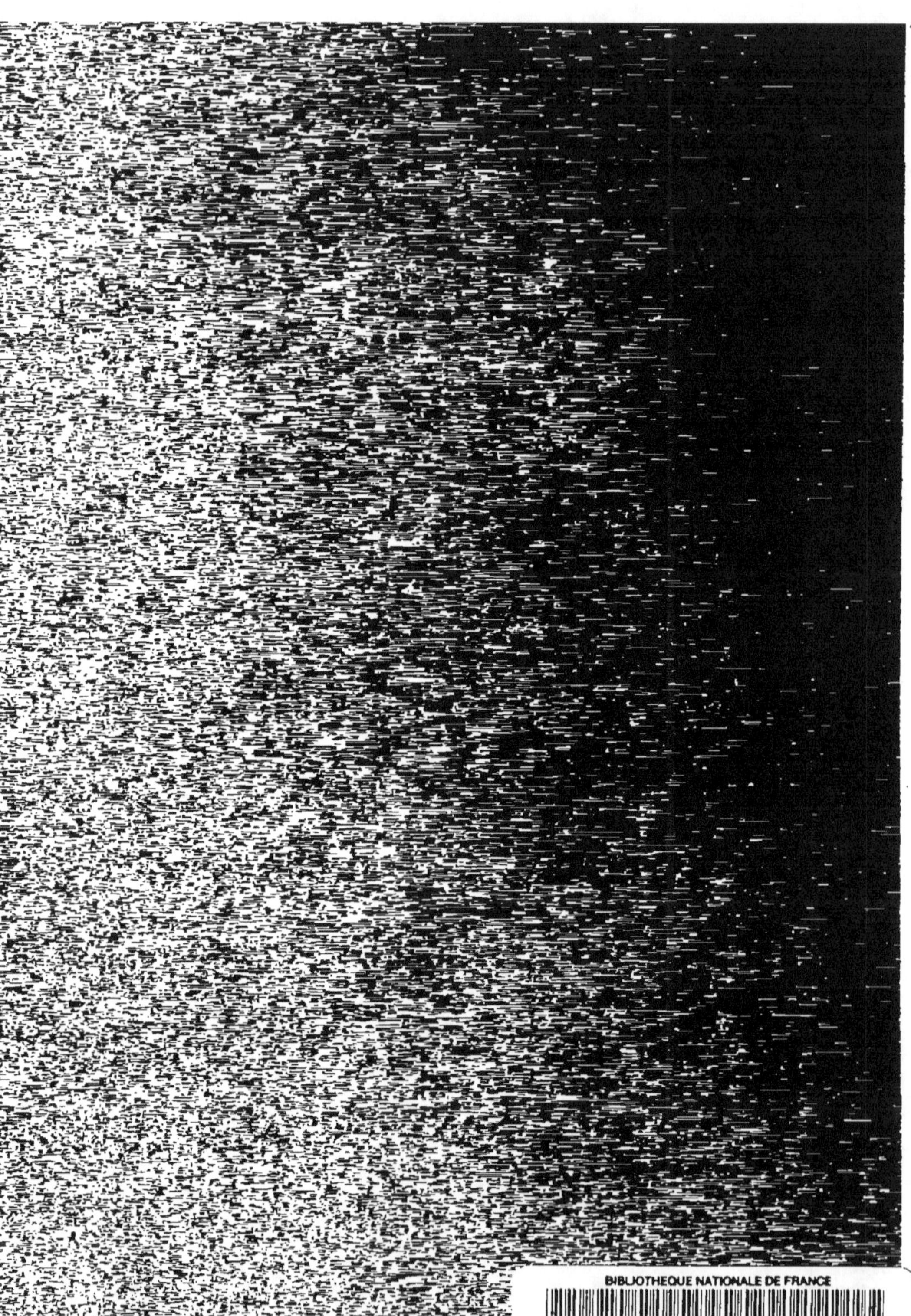

www.ingramcontent.com/pod-product-compliance
Lightning Source LLC
Chambersburg PA
CBHW051208050726
47594CB00007B/3121